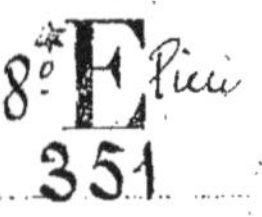

ANTOINE PILLET
PROFESSEUR A LA FACULTÉ DE DROIT DE PARIS

DE L'IDÉE D'UNE SOCIÉTÉ DES NATIONS

PARIS
Marcel RIVIÈRE & Cie, Éditeurs
31, RUE JACOB, ET 1, RUE SAINT-BENOIT

1919

ANTOINE PILLET
PROFESSEUR A LA FACULTÉ DE DROIT DE PARIS

DE L'IDÉE D'UNE SOCIÉTÉ DES NATIONS

PARIS
Marcel RIVIÈRE & Cie, Éditeurs
31, RUE JACOB, ET 1, RUE SAINT-BENOIT

1919

DE L'IDÉE D'UNE SOCIÉTÉ DES NATIONS

Il y a peu de jours, un de mes auditeurs me remettait un des nombreux tracts que l'on répand en Amérique, pour appuyer l'idée de la constitution d'une société des nations. C'était une simple feuille de papier émanant, en apparence au moins, d'un petit boutiquier. Je le lus et j'y trouvai, à côté de choses naïves ou peu sensées, cette idée plusieurs fois répétée que des chrétiens ne doivent pas vider leurs différends par les armes. Cette affirmation est bien, en effet, le meilleur argument que puissent donner les promoteurs d'une société pacifique entre les nations. Les disciples de Celui qui a dit : « Aimez-vous les uns les autres » ne peuvent pas considérer la guerre comme quelque chose de régulier et de normal. La guerre est antichrétienne, cela n'est pas douteux, et l'on ne peut que sympathiser aux efforts de ceux qui ont pris à tâche de panser et de guérir cette grande plaie de l'humanité. Reste à savoir si les moyens proposés à cet effet sont de bons moyens. L'examen de ce point va faire l'objet de la présente étude.

Disons de suite que nous nous plaçons à un point de vue purement philosophique pour discuter et juger les projets de Société des nations qui préoccupent en ce moment l'opinion.

I

Si l'on oppose les unes aux autres les doctrines des théologiens et celles des publicistes ou des philosophes qui forment l'école dite pacifiste, on ne peut pas manquer d'être frappé de la différence absolue des moyens auxquels elles ont coutume de recourir. L'une et l'autre poursuivent le même but, mettre

*

obstacle à la guerre, la faire disparaître des fastes de l'humanité, soit en la remplaçant par des institutions appropriées, comme le font les pacifistes, soit, avec les théologiens, en la rendant si difficile qu'elle deviendra fort rare et finira par tomber en désuétude.

Ces deux systèmes correspondent à des conceptions primitives très éloignées l'une de l'autre, voire même contradictoires.

Les théologiens, les catholiques au moins, ne condamnent pas la guerre en principe. Ils connaissent l'infirmité de la nature humaine, ils ne ferment pas les yeux aux leçons de l'histoire. Ils considèrent donc la guerre comme un fait malheureusement conforme à la nature humaine et permis par Dieu. Seulement, comme la raison ne doit jamais perdre ses droits, et que, de plus, la guerre n'est rien moins que chrétienne, ils ne l'autorisent que lorsqu'on a souffert d'une violation de son droit, à condition encore que cette violation soit d'une réelle gravité, et ne puisse pas être réprimée de quelque autre façon, par un arbitrage notamment.

La guerre n'est légitime que si elle a une cause juste. Toute cette immense école qui remonte au moins à saint Augustin et se poursuit sans discontinuité jusqu'à nos jours, demeure inébranlable sur ce principe, véritable pierre angulaire de sa doctrine. La guerre doit avoir une cause juste pour être innocente, et par conséquent celui qui fait une guerre injuste est un coupable. Prend-il les armes sans avoir souffert d'une très sérieuse violation de son droit, son entreprise est viciée dans le principe ; elle ne peut engendrer à son profit aucun droit, elle lui fera subir la charge de graves obligations. S'il est vainqueur, le traité qui consacrera sa victoire sera un mauvais traité, un traité qui ne créera à son profit aucun droit véritable et ne pourra être maintenu que par la force. Dans la protestation qu'il émit à la suite du congrès de Vienne, le cardinal Consalvi se servit de cette raison pour dénier l'autorité du traité de Tolentino. S'il a le dessous, il devra rendre les terres usurpées, réparer les torts commis, payer les frais de la guerre ; il encourra en outre une juste punition.

La base philosophique de cette doctrine est aisée à apercevoir. Elle est dans l'idée de la responsabilité de l'homme. Tout homme est libre, et doit répondre de ses actes. Jusqu'ici ce principe, contesté parfois à l'école, a servi de fondement à toutes les organisations sociales que l'on a vues. Si les doctrines déterministes passaient jamais dans la pratique de la vie, l'anarchie serait le seul système politique possible, ou bien il faudrait ériger en système l'hypocrisie qui consisterait à traiter les hommes en êtres libres, tout en niant leur liberté.

Le prince qui médite une guerre est libre de la faire ou de ne pas la faire. S'il la fait sans juste motif ou sans nécessité, il n'a pas à se plaindre d'expier durement la faute qu'il a commise. Guillaume II était libre de ne pas déchaîner la guerre qui lui a coûté son trône, et ses théologiens auraient été bien inspirés de lui citer Victoria ou Grotius, au passage où ils enseignent que la gloire du prince ou la grandeur de l'État ne sont pas de justes causes de guerre. Si plus tard son crime lui vaut une peine sévère, ils pourront lui rappeler que, dans la même doctrine, on enseigne que l'auteur d'une guerre injuste mérite d'être sévèrement châtié.

Cette doctrine est-elle suffisante, rend-elle un compte exact du rôle que la guerre est appelée à jouer dans l'histoire du monde, nous n'avons pas à nous le demander ici. Notons seulement sa tendance nettement pacifique. Si la guerre n'était jamais faite que pour la restitution du droit violé, et si on ne s'y décidait qu'à défaut de tout autre moyen d'obtenir justice, les guerres seraient fort rares, et les princes coupables préféreraient satisfaire aux réclamations qui leur seraient adressées, plutôt que de risquer une guerre injuste où sombrerait à coup sûr leur réputation et peut-être leur pouvoir.

Cette nécessité d'une cause juste, les canonistes la poussaient assez loin, jusqu'au point d'interdire à des militaires subordonnés de prendre part à une guerre injuste. A notre époque de service obligatoire, pareille interdiction ne se concevrait pas ; autrefois elle n'était même admise que sous certains tempéraments. Si l'injustice de la guerre est évidente, les sujets doivent refuser d'y accompagner leur prince. Parmi eux, les principaux, spécialement ceux qui sont appelés au conseil du souverain et doivent être consultés par lui sur la nécessité de la guerre qu'il médite d'entreprendre, ont le devoir d'apprécier la justice ou l'injustice de l'expédition projetée et de refuser de combattre, si le résultat de l'examen est défavorable. Quant aux simples soldats, tout leur fait défaut pour se livrer à un pareil travail d'appréciation; ils ne commettront donc aucune faute en obéissant aux ordres qui leur sont donnés, à moins toutefois qu'il n'existe de fortes présomptions de l'injustice de la guerre.

Jamais doctrine militaire d'un semblable libéralisme n'a été publiée. Pendant la féodalité, cette théorie tendait à donner au vassal une réelle indépendance par rapport à son suzerain et, au temps où écrivaient Suarez et Victoria, elle enseignait à ces chefs de bande qui louaient les armes de leur compagnie au plus offrant que, s'ils voulaient pratiquer honnêtement leur métier, ils devaient s'enquérir avant tout de la justice de la cause pour laquelle leur concours était sollicité.

Ces doctrines étaient sages, modérées, respectueuses des droits des peuples surtout, puisqu'elles n'admettaient pas de guerre en dehors d'une violation du droit. Elles étaient sans doute trop avancées et précédaient de trop loin les peuples eux-mêmes dans la voie de la civilisation; il suffit pour s'en convaincre de remarquer qu'elles ont perdu leur influence avant même que ces droits pour la sauvegarde desquels elles ont été imaginées aient été définis et généralement reconnus.

Les architectes de cet édifice ne s'étaient pas bornés à en tracer le plan. Ils avaient voulu que ce plan fût suivi, et pour cela ils avaient pourvu leurs doctrines de sanctions. Ces sanctions étaient celles qui menacent les princes qui transgressent les lois de leur religion. Un prince pouvait être excommunié, son royaume pouvait être mis en interdit, le pape avait même le droit extrême de le déposer. Ces sanctions ont été effectivement employées, elles n'ont jamais manqué de produire un effet considérable. Mais cet effet supposait l'unité de foi religieuse et la commune soumission de la chrétienté aux mêmes lois et à la même autorité. Du jour où la Réforme eut scindé la chrétienté en confessions distinctes, elles perdirent une grande partie de leur force, et en fait elles ne furent plus guère employées.

Ce point est pour nous secondaire; mais ce qui nous intéresse ici, c'est l'esprit de cette doctrine, le parti qu'elle a toujours adopté de chercher dans l'homme lui-même, dans sa conscience, dans son sens de la justice, dans le sentiment de sa responsabilité, le remède au plus grand des maux dont souffre l'humanité. Les théologiens se disaient sans doute que les nations ne sont rien autre que des groupes d'hommes vivant d'une vie commune, que leurs destinées dépendent de l'orientation d'un petit nombre de volontés prédominantes ; ils en concluaient que c'est sur ces volontés qu'il faut agir, leur représentant leurs devoirs, les menaçant des suites de leurs fautes, leur répétant sans cesse que l'on peut être, dans la vie publique comme dans la vie privée, innocent ou coupable, qu'il n'existe pas de milieu entre ces deux termes, et que chacune portera éternellement le poids des fautes qu'il aura commises.

Voilà certes pour une doctrine de paix un fondement solide et de nature à faire réfléchir quiconque est capable de réflexion. En est-il un autre meilleur ou seulement aussi bon, en est-il seulement un autre? c'est ce que nous allons rechercher maintenant.

II

Les doctrines des pacifistes laïques, et j'entends par là ceux qui ont placé leurs spéculations dans un domaine autre que celui de la conscience, sont aussi éloignées que possible de celles des théologiens, au point de vue philosophique au moins. Ces doctrines se reconnaissent à un trait commun, à une même idée qui n'est nulle part exprimée telle quelle, mais qui chez eux anime tout. Cette idée est celle de l'excellence des institutions. Ils n'ignorent rien de la faiblesse humaine, mais ils croient qu'elle peut être corrigée par de bonnes institutions. Pleins de confiance dans leur système, ils ne doutent pas que la guerre ne doive disparaître à jamais de l'histoire du monde, du jour où l'on aura trouvé un bon moyen de vider les querelles des peuples et de concilier leurs intérêts. Cette confiance existait à un degré éminent chez le principal d'entre eux, le véritable père de cette école, l'abbé de

Saint-Pierre, qui, avec un désintéressement complet et un zèle ininterrompu, a passé sa vie à la recherche du moyen de faire le bonheur du monde. Le bon abbé de Saint-Pierre ne comprenait pas que l'on ne fût pas frappé de la perfection du plan de Société des nations qu'il avait imaginé. L'indifférence des cabinets à l'égard de ses conceptions l'affligeait; il s'accusait d'en être lui-même la cause, alors il écrivait un nouveau volume pour mieux éclairer sa pensée, ou bien il en publiait le résumé pour qu'elle fût accessible à tous : et, devant la persistance de l'indifférence, il comprenait moins que jamais que les princes eussent sous la main dans son ouvrage le moyen d'en finir avec le fléau de la guerre, et qu'ils ne prissent même pas la peine de l'ouvrir.

Chose curieuse, en dépit de la lourde expérience des deux siècles écoulés depuis l'époque où l'abbé de Saint Pierre écrivait, cet état d'esprit, cette confiance illimitée dans la vertu d'un spécifique politique, sont encore le lot de nombreux maîtres de cette école, des plus intéressants de tous, de ceux qui parlent et écrivent non par calcul, mais par amour véritable de l'humanité. Je suis persuadé que l'auteur du tract que je parcourais l'autre jour n'était pas moins fortement convaincu de la haute qualité de ses rêveries : combien d'autres le sont autant que lui, je dis non seulement parmi les humbles et les illettrés, mais parmi les plus grands! Il existe un raisonnement qui séduit cette classe d'hommes et la fixe. Comment est-il imaginable que des hommes formés en corps de nation et agissant ensemble se permettent des actes qui répugneraient à chacun d'entre eux pris en particulier? Ils versent des flots de sang, détruisent d'un cœur léger l'œuvre séculaire de la civilisation, pillent, volent et incendient, alors que le moindre d'entre eux, pour ce qui le concerne seul, n'aurait même pas la première idée de pareils forfaits. Bien plus, ceux qui ordonnent ces massacres et ces dévastations sont par ailleurs des hommes d'une honnêteté parfaite, humains, bons pour leur prochain, sensibles au point d'honneur. Il y a là plus qu'une anomalie : une véritable énormité morale, un vestige de barbarie indigne de la race humaine, et qu'il faut se hâter de faire disparaître pour l'honneur du genre humain.

Ce qui fait le succès de ce raisonnement, c'est qu'il est irréfutable. Il l'est en réalité, et ceux même qui considèrent comme autant d'utopies vaines et dangereuses tous ces essais de construction d'une société supérieure des nations d'où le recours à la violence serait banni, sont obligés d'avouer qu'à cette opposition fondamentale entre les mœurs des peuples et celles des individus, ils ne trouvent pas d'explication rationnelle pleinement satisfaisante. Nous verrons bientôt que les principes des conducteurs de peuples ne peuvent pas être identiques à ceux des simples particuliers; mais que la constatation de cette loi justifie la guerre, nous ne le prétendons nullement. Ce même raisonnement, souverain dans sa lucidité, souffre d'une grande faiblesse : il n'a jamais conduit à rien de pratique. Les pacifistes sont unanimes à tenir pour certain, même pour évident, qu'il suffirait de l'établissement d'institutions meilleures pour bannir à jamais le fléau de la guerre. Ces institutions, ils n'ont jamais su les découvrir.

Ce qui met ce point hors de doute, c'est que, d'accord sur le principe, ils sont demeurés fatalement divisés quant au moyen de le faire triompher. Dans cette école, chacun a son système et ne croit qu'à la vertu de ses propres idées.

Le premier projet notable est dû à la plume de l'abbé de Saint-Pierre. C'est lui qui tenta d'abord, essaya de tirer les doctrines pacifistes du nuage dans lequel elles s'étaient jusqu'alors enveloppées. Je nomme l'abbé de Saint-Pierre le premier. On pourrait me quereller là-dessus, car personne n'ignore l'existence du grand dessein d'Henri IV et de Sully, qui précéda d'un siècle l'éclosion du système de l'abbé. Mais le projet de République chrétienne du grand roi ne paraît pas bien sérieux. Si l'on remarque que tous les sacrifices nécessités par l'établissement d'un nouvel ordre de choses en Europe sont mis par les auteurs de ce plan au compte de l'Espagne et de l'Autriche, on y verra un projet politique plus que social. On le qualifierait aujourd'hui de tendancieux.

Le projet de l'abbé de Saint-Pierre ne prête point à de pareils soupçons. Un sincère amour de la paix l'anime tout entier. S'autorisant du double exemple du corps germanique qu'il connaît peu, et des Provinces Unies des Pays-Bas à qui il prête bien gratuitement une politique pacifique, il demande la formation d'une Union européenne où entreront de gré ou de force tous les États d'Europe, et qui sera régie par un Sénat siégeant à Utrecht et fonctionnant selon l'occurrence en qualité de législateur, de médiateur ou de juge. L'Union a son trésor et son armée prélevés sur les ressources des États qui la composent ; son Sénat, formé des représentants des souverains, est un corps politique supérieur. L'Union est donc une sorte de sur-État appelé à dominer les souverainetés particulières.

L'intérêt bien entendu des monarchies et des républiques est à la base de ce projet et constitue le ressort qui doit lui procurer le succès. Aussi son auteur promet-il aux États la sécurité extérieure, en même temps que la garantie de leurs institutions intérieures. Les stipulations des traités d'Utrecht seront dorénavant la charte des relations internationales, et les peuples ne pourront rien changer à la forme de leurs gouvernements. L'Union passera des traités avec les États non chrétiens et pourra préparer la formation d'une Union asiatique. Tout l'effort déployé par l'abbé de Saint-Pierre tend à persuader aux nations qu'elles n'ont qu'à gagner à l'adoption de son projet. Il relève avec soin tout le prix de la sécurité, il prétend même persuader aux souverains qu'ils gagneront en indépendance à entrer dans son Union européenne. Il était malheureusement trop clair qu'un plan qui condamne les nations à l'immobilité et dépouille les souverains des attributs les plus précieux de leur rang, était condamné par avance. Nul autre que l'abbé de Saint-Pierre ne pouvait s'en étonner.

Rousseau a donné son approbation au projet d'une Union européenne. Plus fin et plus politique que l'abbé de Saint-Pierre, il avait aussi moins de confiance dans le succès de ces idées, bien que l'intérêt des princes eût dû les porter à le réaliser. A son avis, le despotisme des rois et l'ambition de leurs ministres étaient les vraies raisons qui s'opposaient à l'établissement d'une paix perpétuelle entre les peuples.

Les plus grands esprits du XVIIe et du XVIIIe siècle se préoccupèrent du problème que l'abbé de Saint-Pierre avait soulevé. Tous approuvent son initiative, aucun ne se rallie purement et simplement à ses idées. Leibnitz, plus sensé à coup sûr que les irénistes ses prédécesseurs, ne rêve pas d'un bouleversement total des sociétés politiques, il attend le progrès d'un simple développement de la suprématie de l'empereur et du pape. Les nations chrétiennes ne pourraient pas avoir d'objections graves à remettre le soin de leurs affaires à un concile perpétuel ou congrès qui connaîtrait de leurs différends, et leur imposerait, en cas de conflit, une composition réglée par une autorité qui émanerait du pape et de l'empereur. Ce plan, assez vague du reste, consistait à étendre à toute communauté chrétienne les relations de droit en vigueur dans le sein du corps germanique, les souverains gardant les avantages pratiques de la souveraineté, ce que l'on appelait la supériorité territoriale, et la suprématie étant dévolue au pape et à l'empereur. Au moins le dit plan présentait-il cet avantage de se borner à généraliser des institutions déjà connues et ayant eu leur fonctionnement.

Un siècle plus tard, le célèbre économiste Bentham s'appliquait avec zèle à la solution de la même question. De tous les systèmes produits le sien est à coup sûr le plus original. Très déraisonnable par endroits et étrange, au point que l'on se demande si l'auteur ne raillait pas, — Bentham ne voulait-il pas que l'Angleterre se défît de ses colonies jugées par lui inutiles — le système de Bentham est d'ailleurs fort remarquable. Ce qu'il poursuit surtout, c'est le désarmement, et, comme le désarmement des armées de terre lui paraît malaisé, il voudrait d'abord un désarmement maritime, tout en maintenant, en bon Anglais, la supériorité de sa patrie dans ce domaine. Il demande à la France, à l'Espagne et à la Hollande d'entretenir ensemble une flotte inférieure de moitié à la flotte anglaise. Ce trait seul suffit à montrer le caractère chimérique de sa proposition.

Bentham ne s'en tenait pas là. Il lui fallait aussi sa Société des nations, et, pour la constituer, il demande l'établissement d'une cour de justice commune présentant cette particularité qu'ayant à statuer sur les litiges internationaux, elle se bornerait à dire le droit sans avoir à se préoccuper d'aucune façon de l'exécution de sa sentence. Il semblait à l'auteur qu'il suffirait qu'un arrêt bien motivé fût livré à la publicité, pour mettre les États intéressés dans la nécessité de l'exécuter. Si incertaine que soit cette solution du problème, on ne doit pas moins la tenir pour une des combinaisons les plus ingénieuses qui aient jamais été proposées. Au moins elle ne porte qu'une atteinte presque insignifiante à cette prérogative de souveraineté dont les États sont si jaloux et à laquelle il est vain de prétendre les faire renoncer. Ici on ne prétend pas contraindre les gouvernements, soit par l'étalage d'une force supérieure, soit par la menace des forces combinées d'une ligue puissante, on se borne à publier leurs torts et l'on espère que cela seul suffira à les décider à une réparation.

Mais cet espoir n'était-il pas lui-même utopique? Bentham n'avait pas grande illusion sur ce point, car, après quelques tergiversations, nous le voyons admettre que les arrêts de sa cour internationale pourraient, à titre de suprême ressource, être exécutés par la force.

Le plus célèbre enfin et le plus actuel parmi les pacifistes est le philosophe Kant. Nous l'appelons le plus actuel, en dépit du temps écoulé, car il est curieux d'observer quel grand crédit ont gardé de nos jours les idées, très contestables pourtant, qu'il a exprimées. Tout l'espoir de Kant (et son espoir n'est pas très vaste) gît dans la création d'une Union perpétuelle d'États libres. Par le moyen de traités successifs, les peuples doués d'institutions libres constitueraient progressivement cette fédération qui finirait par embrasser le monde entier. Cette union prendrait l'engagement de défendre la liberté des nations fédérées, mais elle n'aurait pas besoin pour cela d'institutions nouvelles superposées aux institutions nationales existantes, la seule présence de l'Union suffirait. Mais la confiance du philosophe va surtout à l'adoption d'institutions républicaines au sein des États, ces institutions étant propres à neutraliser, en les opposant les uns aux autres, les mauvais penchants d'où découlent le désordre, les troubles et les guerres. Évidemment pour lui la clé du problème est là.

III

D'autres projets ont été publiés, moins célèbres et déjà oubliés. Comme ceux dont nous avons retracé les lignes, ils ressortent de cette idée que le bien de l'humanité et la suppression de la guerre en particulier doivent être obtenus à l'aide d'institutions mieux agencées, plus parfaites. Il y a une certaine naïveté dans cette façon d'envisager les choses. Croire que, depuis que le monde existe et que la guerre étend ses ravages sur l'humanité, on a pu s'obstiner à conserver un état social dont le défaut était de favoriser la guerre, alors qu'en le modifiant par des institutions appropriées à cet objet on aurait pu en écarter le retour, c'est faire preuve d'un optimisme bien complaisant.

Mais que découvrirons-nous derrière toutes ces formes nouvelles que l'on propose et quelle est l'idée première dont elles s'inspirent? Cette idée est précisément celle qui fait le fond de la doctrine des philosophes du XVIIIe siècle, celle de Rousseau spécialement. L'homme est bon par sa nature, c'est la société qui l'a gâté. Avant qu'il entrât en société avec ses semblables, l'homme ne connaissait que le bien ; du contact et de la vie en commun tous les maux de l'humanité ont découlé et parmi eux le plus grand de tous, la guerre. On représentera vainement aux adeptes de cette philosophie qu'il est impossible de se faire la plus petite idée de ce que l'homme pouvait être dans l'état de nature ; que l'on ne sait même pas si cet état a jamais existé, que rien de ce que peut fournir l'observation directe ne tend à démontrer que l'homme soit bon par nature ; cette pure hypothèse ne leur sera pas moins chère, et ils persisteront à la défendre. Elle est flatteuse pour la nature humaine, et puis elle possède à leurs yeux ce grand avantage qu'elle s'arrête à l'homme lui-même, et n'oblige pas à se demander s'il n'y a pas en dehors de l'homme quelque chose ou quelqu'un de meilleur que l'homme.

En dépit de sa structure hasardée et irrationnelle, cette doctrine a eu dans notre temps une influence immense. Dans l'ordre intérieur, elle a engendré l'esprit révolutionnaire. Toute révolution procède de cette idée que l'homme est bon et que seules de mauvaises institutions lui interdisent d'accéder au bonheur. Dans cette course au bonheur, les constitutions succèdent aux constitutions. A chaque déception nouvelle — et elles sont nombreuses — on songe à réformer de nouveau, à créer quelque machine encore inédite, toujours dans la persuasion que les maux dont on souffre ne viennent pas de l'homme lui-même, mais d'une mauvaise conception de l'État. Un trait curieux est à noter ici. Dans l'opinion commune du monde actuel, tout progrès se caractérise par la participation d'un plus grand nombre de personnes au gouvernement de la chose publique. Après le suffrage restreint on a salué l'adoption du suffrage universel comme l'aube d'une ère nouvelle, et maintenant on entreprend de mêler les femmes aux affaires politiques de la nation. En raison, cela s'appelle chercher une meilleure gestion de la chose publique par la participation au pouvoir des personnes les moins aptes par leurs connaissances et leur genre de vie à s'acquitter de ces délicates fonctions. Mais le pli est pris, et on croit que l'on ne peut pas mieux faire que de rapprocher toujours plus le gouvernement de l'homme de nature.

Dans l'ordre administratif ce même préjugé a donné naissance à la bureaucratie, si justement décriée à l'heure actuelle. L'essence de la bureaucratie est de répartir un même travail sur nombre de têtes, dans l'espoir bien vain de le voir mieux fait. Ce relâchement des liens anciens devait être une cause de progrès, il n'a engendré que le désordre et l'impuissance.

Mais hâtons-nous de revenir à notre sujet. L'influence des idées philosophiques n'a pas porté seulement les pacifistes à multiplier les constructions idéales, elle a eu encore cet effet de les attacher à certains concepts qui jouissent parmi eux de la faveur la plus grande et la moins justifiée. De ces concepts deux sont surtout à analyser, le danger de la diplomatie secrète et la supériorité des institutions démocratiques au point de vue du maintien de la paix.

La dénonciation de la malfaisance des négociations secrètes est déjà ancienne dans le camp pacifiste : Bentham l'a signalée, Kant l'a érigée en doctrine. L'argumentation de ce dernier sur ce point n'ajoutera rien à sa réputation de philosophe. Pour lui, la question est bien simple : la moralité ou l'immoralité d'un dessein politique a sa pierre de touche dans la possibilité ou l'impossibilité de le publier. Peut-on rendre publics une négociation, un traité? c'est qu'ils n'ont rien que de loyal et d'honnête. Est-on obligé de les tenir secrets? c'est précisément parce qu'ils soulèveraient la conscience publique, s'ils venaient à être révélés. Cette doctrine est vraiment un peu trop simple. Quantité de raisons peuvent obliger à tenir secrets des tractations diplomatiques ou des accords entre nations, sans que l'on soit autorisé à conclure de ce seul trait qu'elles tendent à quelque objet réprouvé par la morale ; tout au contraire, la publicité érigée en règle aboutirait souvent à des conflits que le secret réussit à écarter. En fait, aucun gouvernement à aucune époque n'a jamais pu se passer de semblables tractations. Toute diplomatie use du secret, et l'idée d'y renoncer doit faire sourire dans les chancelleries. Cela n'empêche pas bien des gens d'affirmer que le secret servira souvent à la préparation d'une guerre, qui ne songent pas un instant à ce fait, également certain, que le secret peut aussi être utilisé en faveur du maintien de la paix. Au surplus, ne peut-on pas aussi bien préparer une guerre à l'aide de traités publics ? La Triple-Alliance de 1883 était un danger pour la paix lorsqu'elle était secrète ; a-t-elle cessé d'être dangereuse après avoir été publiée?

Mais, parmi ces remèdes que l'on invente aux maux dont souffrent les nations, le plus souvent célébré, le plus à la mode à coup sûr est l'adoption d'institutions démocratiques. L'inventeur ici encore est le philosophe de Kœnigsberg ; il mettait, nous le savons, toute sa confiance dans le triomphe de la forme républicaine du gouvernement. A la vérité, les premiers linéaments de cette théorie remontent plus haut. Henri IV et Sully, dans leur Grand Projet, marquaient une préférence pour les royautés électives, et il a été d'un usage constant, dans le camp pacifiste, de citer l'exemple de la Suisse et des Provinces Unies des Pays-Bas. A aucune époque, cette idée n'a joui d'autant de faveur qu'aujourd'hui. De même que la Sainte Alliance de 1815 reposait sur une fédération des souverains légitimes, de même on nous vante les mérites d'une nouvelle Sainte

Alliance des démocraties, et on nous la présente comme la future garante de la future paix universelle.

Cette idée peut être séduisante. Mais lorsqu'il s'agit de réformes sociales d'une immense portée, il ne suffit pas qu'une idée plaise pour qu'elle soit bonne, il faut encore s'assurer, autant que faire se peut, qu'elle a des chances de succès. A ce point de vue, la confiance placée dans la vertu particulière des idées démocratiques ne nous paraît fondée sur aucune raison sérieuse. Qu'est-ce qu'une démocratie? Encore que le sens de ce terme assez vague puisse être indéfiniment contesté, et que, par exemple, certains se demandent à l'heure actuelle si la constitution de l'Union américaine est ou n'est pas démocratique, nous dirons qu'un État est démocratique lorsque les magistrats qui y détiennent les principaux attributs de la souveraineté doivent leur élévation au suffrage de leurs concitoyens et non au fait de leur naissance ou de leur affiliation à une caste aristocratique. Le penchant de l'époque actuelle va sans aucun doute à l'état démocratique. Dans cette matière éminemment changeante de la politique, c'est le dogme du moment. Peut-on attendre d'une Société des nations constituée entre États démocratiques la réalisation du rêve d'une paix perpétuelle? S'il est vrai, comme certains le pensent, que les guerres ne sont jamais dues qu'aux ambitions des rois, ce fait autoriserait de grandes espérances. Mais rien n'est moins sûr que ce prétendu principe. Les guerres d'indépendance sont essentiellement démocratiques ; il y en a eu beaucoup, il y en aura encore très probablement. De même les guerres par lesquelles un peuple revendique les droits attachés à sa nationalité participent évidemment à ce caractère. La Société des nations démocratiques réussira-t-elle à garantir les droits de chacun en évitant l'effusion du sang? Donnera-t-elle la liberté à l'Irlande qui se plaint d'une servitude séculaire? Proclamera-t-elle l'indépendance de la Corée, qui ne veut plus d'un joug étranger? Toutes ces prétentions, si fondées qu'on les suppose, se heurtent à des droits anciens auxquels les peuples eux-mêmes ne consentiront jamais à renoncer. C'est le fait brutal contre lequel aucune théorie n'a jamais prévalu. Les sages de la Société des nations seront écoutés des peuples qu'ils appelleront à l'indépendance, ils n'auront pas l'oreille de ceux qu'ils exhorteront au sacrifice de leurs espérances.

Puis, nous avons sous les yeux des exemples trop récents pour ne pas demeurer sceptique devant les affirmations des docteurs de cette école. Nous savons bien que les empereurs Guillaume et François-Joseph ont assumé, en allumant la présente guerre, la plus terrible responsabilité ; mais nous, leurs voisins, savons aussi que leurs peuples étaient avec eux, qu'ils ont accueilli avec des transports de joie l'ouverture de cette ère de destruction et de pillage. Cette guerre était absolument démocratique en Allemagne. Si les vaincus disent aujourd'hui le contraire, leurs dénégations intéressées ne prévaudront pas contre nos souvenirs. Les deux guerres balkaniques qui ont précédé de peu la guerre actuelle ont été, elles aussi, essentiellement populaires, et sera de même populaire la guerre qui ne manquera pas de s'allumer bientôt dans les Balkans, si les Alliés n'y mettent bon ordre.

Les exemples anciens que l'on cite ne sont pas eux-mêmes très bien choisis. Nous n'avons jamais eu de plus mauvais voisins au XVIIe siècle que ces Provinces Unies des Pays-Bas, dont nous venions de favoriser de tout notre pouvoir l'indépendance. On les retrouve dans toutes les coalitions formées contre Louis XIV. La Suisse fournit un exemple meilleur. Elle est très pacifique : mais ce serait une erreur d'en rapporter tout le mérite aux institutions démocratiques, car longtemps elle eut des institutions aristocratiques (rien de moins démocratique par exemple que le gouvernement des seigneurs de Berne), et pourtant elle vécut en paix avec ses voisins. Quant aux États-Unis d'Amérique, il est prudent de réserver son jugement. Il semble bien que la force a joué un rôle important dans leur prodigieux développement. Que dire de la guerre de Cuba ou encore de la création de l'État de Panama ? Quel droit a pu autoriser ces actes, si ce n'est pas le droit du plus fort ?

Dans le domaine de la science pure on observera que les démocraties seront plus lentes à faire la guerre parce que les rouages de leur gouvernement sont plus compliqués, et aussi moins aptes à se mettre en défense parce que leurs chefs éphémères se préoccupent peu de l'avenir. Elles seront donc très exposées à être attaquées. Mais ce qu'on peut leur objecter de plus grave au point de vue qui nous occupe, c'est que les démocraties maintiennent plus difficilement l'ordre à l'intérieur. Or le maintien d'un ordre exact est la première condition de la paix. Dans une démocratie le pouvoir n'appartient à personne et est ouvert à tous. De là des compétitions incessantes, de l'agitation et bien souvent des troubles. Et l'expérience semble bien montrer que, plus le pouvoir se rapproche du peuple et affecte de plonger ses racines dans la masse prolétarienne, moins la paix est assurée. L'exemple de la Russie vaut à cet égard toute une démonstration. La révolution russe a été faite pour la paix, et depuis qu'elle s'est produite, on ne voit pas qu'elle ait fait autre chose que livrer ce pays infortuné à toutes les horreurs de la guerre civile.

La critique des idées et le spectacle des faits ne nous autorisent donc point à placer une sûreté particulière dans une Société d'États démocratiques. Si nous nous rappelons que les coalitions ouvrières sont le plus souvent réfractaires à l'autorité du droit, coalitions dans lesquelles domine pourtant l'esprit démocratique, nous sommes amené à penser que le droit n'aurait qu'une faible influence dans les rapports des membres d'une semblable Société.

IV

Notre époque a ceci de caractéristique qu'elle a transporté dans l'arène politique les idées pacifistes demeurées jusque-là dans le domaine de la pure spéculation. Cela a été l'œuvre des conférences de la Haye de 1899 et de 1907. C'était faire un grand pas. La question était-elle assez mûre pour autoriser une pareille transformation, on peut en douter.

A coup sûr rien dans l'histoire du monde ne pouvait faire croire qu'une transformation aussi profonde fût à la veille de se produire. L'intention du tsar Nicolas II était d'abord d'inviter l'Europe à la limitation des armements. Ce fut l'objet de la circulaire du comte Mourawief du 24 août 1898, objet fort louable et qui témoignait au moins de la part de l'infortuné souverain d'un zèle fort intelligent pour les besoins de l'humanité. Puis la seconde circulaire (11 janvier 1899) joignait à ce premier objet la recherche de moyens propres à assurer une solution pacifique des différends internationaux. Ce fut ce dernier objet que poursuivit surtout la première conférence de la Haye, car on reconnut vite que rien d'utile ne serait obtenu dans la voie de la limitation des armements. Huit ans plus tard, en 1907, une seconde conférence était réunie pour compléter l'œuvre de la première. Elle était beaucoup plus ample que la précédente, à la fois par le nombre des sujets traités et par le nombre des Puissances qui y prirent part. Aussi aboutit-elle à la signature de treize conventions et d'une déclaration.

Tout ce grand travail a été inutilement dépensé. Il n'a manqué à la Haye ni d'hommes compétents ni de zèle pour le bien de l'humanité. Comment donc expliquer que ces grandes assises n'aient réussi, ni à pacifier la Société des nations, ni à faire prévaloir les règles plus humaines qu'elles avaient tenté de dicter à la conduite de la guerre?

Plusieurs graves erreurs ont été commises à la Haye, dont quelques-unes étaient si grosses que l'on ne s'explique pas qu'elles n'aient pas été aperçues. Je n'insisterai pas sur l'erreur qui a consisté a écarter le pape de toute participation à cette œuvre universelle. Certes c'était mal débuter que de se priver du concours du souverain qui seul n'a pas d'intérêts particuliers, et dont l'autorité est librement acceptée par tous les catholiques du monde. Cette faute a été souvent relevée, il suffit de la rappeler d'un mot.

Une faute de méthode, aussi grave quoique moins souvent observée, a été commise lorsque les représentants des Puissances ont rejeté les plaintes des nationalités opprimées accourues vers eux pour obtenir justice. Comment ne s'est-il levé personne parmi eux pour dire qu'ils ne réussiraient pas à avancer le règne de la paix dans le monde, s'ils ne parvenaient pas d'abord à extirper les principales causes de discorde qui déjà séparaient les peuples? Ce parti pris de rejeter les requêtes qui leur étaient adressées fut présenté sous l'apparence d'une limitation du travail entrepris; c'était bel et bien un aveu d'impuissance. Plusieurs ont dû se l'avouer à eux-mêmes.

Rien ne prouve que les conflits futurs seront moins graves

que ceux dont une certaine époque est le témoin ; puis, alors même que l'on aurait la certitude d'éviter les injustices de l'avenir, qu'aurait-on gagné si on laisse subsister les injustices du présent? Les pacifistes d'autrefois ont souvent montré une prudence plus grande. Henri IV taillait l'Europe à coups de hache, mais il en finissait avec la rivalité de la France et de la maison d'Autriche et, deux siècles et demi après, lorsque Napoléon III publia en 1863 son intention de travailler à l'établissement d'une paix durable, très sagement il demanda d'abord que l'on s'entendît sur les questions les plus brûlantes parmi celles qui divisaient alors les nations.

Sur la question séculaire de la paix, les conférences de la Haye donnèrent complètement dans le vice de notre époque : la croyance aveugle à la toute-puissance des institutions. En 1899 on affectait de croire que si les nations ne recouraient pas plus souvent à la médiation et à l'arbitrage, c'était faute de bien connaître ces remèdes à leurs maux. Alors le traité conclu donna des définitions, organisa un tribunal, créa de toutes pièces une procédure, établit même des nouveautés, une médiation spéciale fort ingénieusement machinée, le procédé de la commission d'enquête... tout fut inutile. Les arbitrages demeurèrent tels qu'ils étaient auparavant, et les remèdes nouveaux n'eurent entre tous les deux qu'une seule application. Ceci révèle, de la part d'une assemblée aussi éminente, une bien singulière illusion et une absence peu intelligible de cet esprit philosophique qui aime à aller au fond des choses et à découvrir les causes réelles des phénomènes observés. Certes si les États ne faisaient pas plus d'honneur à la ressource de la médiation, et s'ils ne recouraient pas plus souvent à l'arbitrage, ce n'était pas qu'ils ne connussent parfaitement ces voies amiables, ou qu'ils manquassent d'un tribunal ou d'une procédure appropriés à ces fins. Il y avait à cela des raisons plus profondes : mais ces raisons, la Conférence ne les voyait pas et ne voulait pas les voir.

Elle eut pourtant une bonne occasion de s'instruire, surtout à sa seconde réunion en 1907. C'est alors en effet que les débats relatifs à la question de l'arbitrage obligatoire prirent plus d'importance et d'ampleur.

Faire admettre à l'unanimité des États représentés à la Haye que certains litiges doivent être résolus par un arbitrage et ne peuvent jamais être résolus que par un arbitrage, eût été faire faire un pas sérieux à la constitution juridique de la Société des nations. Sans doute, les cas proposés aux votes de la Conférence étaient bien insignifiants et choisis parmi ces litiges pour lesquels jamais une nation ne prend les armes ; mais enfin c'eût été un premier pas, et le succès sur ce point aurait autorisé de plus larges espérances pour l'avenir. Ce petit succès lui-même fut refusé à la Conférence. Malgré le zèle affiché pour l'arbitrage obligatoire, aucun des cas proposés ne réunit dans la commission l'unanimité des voix, et il fallut clore la discussion par quelques phrases pompeuses et vides qui masquaient bien mal l'échec éprouvé.

Voilà que la Conférence de la paix nous fait connaître un nouveau projet de Société des nations, un avant-projet plutôt assez différent des précédents. Les nations n'ont pas désarmé de leur plein gré, on les y obligera. Elles n'ont voulu se lier sur aucun point particulier à l'arbitrage obligatoire, on les contraindra dans certains cas au moins à accepter un règlement de leurs différends qui contiendra une sentence arbitrale ; elles prétendent garder leur liberté, on usera contre elles de sanctions économiques ou militaires qui briseront leur résistance.

Nous n'avons pas à présenter ici une critique détaillée de cet avant-projet, nous ne nous demanderons même pas si au lendemain d'une guerre qui a donné un démenti formel à tous les principes posés à la Haye, le moment était bien choisi pour tenter une expérience nouvelle. Demeurons dans la région des idées. Jamais la propension à la confiance dans les institutions n'a été plus nette. On ne parle plus du Sénat de l'abbé de Saint-Pierre, mais nous trouvons dans ce projet, en dehors d'un tribunal arbitral dont le ministère est facultatif, une Assemblée des délégués des États membres de la Société, et un Conseil exécutif qui paraît constituer le principal ressort de la combinaison. Vers ces autorités afflueront les plaintes et, ce sont elles qui feront justice.

Une Assemblée, un Conseil, ce sont de beaux grands mots,

mais derrière ces mots que trouve-t-on? des hommes, des représentants des États. Ces hommes, n'est-il pas à craindre qu'ils soient deux fois incapables de remplir le redoutable mandat qui leur sera confié? Ils le seront comme particuliers, car, pour juger des grandes causes qui s'élèvent entre les nations, il faut avoir connu soi-même la responsabilité du pouvoir. Aucun homme ne comprend toute la gravité d'une question internationale, sans avoir auparavant tremblé pour l'avenir du pays dont les destinées lui sont confiées. Ni la bonne volonté ni la connaissance du droit ne suffisent dans ce champ clos. Ce ne sont pas des délégués ou des conseillers qu'il faudrait là, ce sont des chefs d'États.

Ces délégués, ces conseillers échapperont-ils à toutes les séductions? Il fut un temps où il était de pratique courante de gagner par des présents les ministres de ses adversaires; ce temps peut revenir, et toutes les vertus ne sont pas à l'épreuve de toutes les tentations. Sans remonter si haut, ne dit-on pas qu'il circule beaucoup d'argent en ce moment même pour des causes purement politiques? Il serait imprudent d'avoir une confiance illimitée dans l'homme, parce qu'il est devenu un délégué ou un conseiller.

Ces hommes auront une cause de faiblesse plus sensible encore, ils seront les représentants des États qui les auront accrédités. La première qualité d'un magistrat est l'indépendance. Ces magistrats n'auront pas d'indépendance. Ils suivront les directions de leur gouvernement, et ce gouvernement lui-même serait infidèle à son peuple s'il favorisait jamais une cause contraire à celle que l'intérêt de son peuple lui commande de soutenir. En politique, cela est un devoir, et même le premier de tous les devoirs, mais, en le considérant, nous nous écartons fort des sentiers de la justice, et il est à craindre en effet que l'intérêt bien plus que la justice ne dicte leurs résolutions à ces grandes assemblées.

Puis, dans ces conseils, des influences se produiront auxquelles il sera bien difficile d'échapper. Les grandes puissances y occuperont comme de juste une large place. N'est-il pas à craindre que le plus fort ne fasse la loi et que cette justice ne soit simplement l'expression de sa volonté?

L'avant-projet nous promet le désarmement, qui serait sans aucun doute un grand bien s'il pouvait être accompli sans compromettre notre sécurité. Cette sécurité indispensable nous est-elle garantie? Le traité de paix y travaillera en réduisant les forces de notre éternelle ennemie, la Germanie ; et si la paix est menacée par quelque agression injuste, il mettra dans la balance le poids de l'épée des alliés. Telle est la *pax Romana* que l'on nous promet. Ses inventeurs ont-ils assez réfléchi à l'instabilité des alliances, aux difficultés sans nombre qu'a déjà fait naître la détermination du *casus fœderis ;* n'ont-ils pas méconnu cette grande loi de la variabilité des choses humaines, qui est le tourment des politiques les plus habiles? Si en 1914 quelque plan de cette sorte avait été tracé, ce plan, quel qu'il eût été, ne serait-il pas déjà déchiré par les événements dont le sol russe a été le théâtre, et ne découvre-t-on pas le principe d'une leçon amère dans ce fait que c'est précisément l'État dont le souverain a pris la noble initiative des conférences de la Haye, qui menace par ses convulsions actuelles l'œuvre entière de la civilisation?

Tel qu'il nous est présenté, l'avant-projet d'une Société des nations suppose une transformation radicale des rapports internationaux. Il marque, quoiqu'il en dise, la fin de l'indépendance politique des nations, placées dorénavant dans la tutelle de cette sorte de Société élémentaire qu'elles auront organisée. Ce fait suscite en nous un autre doute.

Jusqu'ici les grandes transformations politiques ont été lentes. Le système féodal a mis longtemps à mourir, et il en subsistait encore de nombreux vestiges à l'époque où se réunit le Congrès de Vienne. Lente aussi a été l'agonie du régime de la monarchie absolue. L'idée de démocratie elle-même triomphe sous diverses formes depuis bien des années, et l'on discute encore sur les institutions politiques qui doivent en amener la réalisation pratique. En sera-t-il autrement de la révolution que l'on nous propose? Ce serait un phénomène bien nouveau, et on est d'autant moins fondé à espérer le voir se produire, qu'en le provoquant on méconnaît plusieurs grandes lois de la vie des peuples.

V

Revenons à notre point de départ. Pourquoi le fléau de la guerre n'a-t-il pas déjà été vaincu, et pourquoi est-il prudent d'accueillir avec une grande réserve ce nouveau projet de Société des nations ? Notre réponse est celle-ci. Il y a dans la vie des nations comme dans la vie des individus certains mystères dont la science seule a été jusqu'ici et sera probablement toujours impuissante à percer l'obscurité. On aperçoit les résultats, ils éclatent aux yeux, mais les causes n'apparaissent jamais complètement. Il ne faut rien exagérer, tout n'est pas mystère dans ce domaine et on aperçoit très bien, par exemple, pourquoi les remèdes proposés aux maux dont nous souffrons n'ont pas eu leur effet. On sait que la Conférence de la paix est saisie journellement de réclamations venues de tous côtés, réclamations qui toutes ont quelques bonnes raisons à invoquer. On devine sans peine que la sagesse et la bonne volonté des membres de la Conférence ne réussiront pas à donner à tous ces solliciteurs les satisfactions qu'ils demandent. Si l'on pouvait contenter tout le monde, il n'y aurait pas de conflits, et partant pas de guerres. Mais on ne peut pas contenter tout le monde.

Dans le domaine de la paix et de la guerre, certaines notions sont à relever que les constructeurs de systèmes négligent volontiers. C'est d'abord la notion de la responsabilité des gouvernements. Le gouvernement, quelle que soit sa forme, répond de l'État ; il doit le conserver, entretenir ses forces, assurer sa prospérité, prévoir et écarter les dangers qui peuvent le menacer. De là des conséquences très graves. Le gouvernement ne peut se décharger sur personne du soin de prendre les décisions qui importent au salut de la communauté. Il est responsable, il faut qu'il agisse ; il perdrait son temps à consulter les philosophes, comme Kant le lui recommandait instamment. Eût-il sous la main les sept sages de la Grèce, qu'il devrait récuser leur compétence. De là vient l'impossibilité de soumettre à des arbitres les questions graves, et par suite la vanité de tout projet d'une Société organisée entre nations.

Les traités permanents d'arbitrage, auxquels les Conférences de la Haye prêtaient bien à tort une influence pacificatrice considérable, avaient fait la part due à cette nécessité en exceptant de leurs dispositions les questions intéressant l'existence de l'État, son honneur, ses intérêts essentiels. C'était réduire à bien peu l'autorité de ces traités, mais au moins la réserve était sage. Cette même réserve ne figure plus dans le projet nouveau. Ce n'est certes pas pour lui une garantie de succès.

Le gouvernement évitera de se lier pour de longues années, sachant combien les choses humaines sont sujettes à changement, et par là même il se séparera nettement des faiseurs de systèmes : car il est dans l'esprit de l'homme de construire pour l'éternité, et il n'est pas un inventeur de doctrines nouvelles qui ne pense qu'elles suffiront à assurer à jamais le bonheur de l'humanité. L'abbé de Saint-Pierre croyait que les traités d'Utrecht pourraient être désormais la charte de l'Europe. Un gouvernement sage se tiendra éloigné d'une pareille illusion, mais aussi hésitera-t-il beaucoup à donner son adhésion à un pacte de Société entre les nations.

Ce sentiment de la responsabilité aura aussi cette conséquence qu'un souverain préférera mettre en jeu toutes les forces de l'État plutôt que de consentir à des sacrifices qu'il considère comme funestes. Cela encore est rationnel et ne permet pas de dire que la guerre est tout entière en dehors du domaine de la raison.

A cette raison, un sentiment vient se combiner qui la fortifie et la rend universelle, car le peuple, qui n'apercevra pas toujours la raison, sera toujours, au contraire, impressionné par le sentiment. Ce sentiment est celui de la grandeur de l'État. Un État n'est pas nécessairement prospère parce qu'il est grand, cependant grandeur et prospérité vont le plus souvent de pair. Un souverain ne peut pas ne pas avoir le culte de la grandeur de l'État ; quoi qu'il fasse, il ne se désintéressera pas de sa propre réputation, et il sait bien que l'histoire qualifie de grands les princes qui ont agrandi l'État et réserve son indifférence à ceux qui n'ont su que le conserver. Dans ce sentiment, l'idée de justice ne tient plus aucune place, il faut bien le reconnaître. Cela n'empêche point que les peuples en soient pénétrés aussi bien que les rois, et qu'il soit puissant sur eux. En veut-on un exemple frappant? Si l'empereur d'Allemagne, vingt ans après la guerre de 1870, avait restitué purement et simplement l'Alsace-Lorraine à la France, on l'aurait cru insensé; et ce jour-là pourtant, il aurait accompli l'un des actes les plus politiques que l'histoire ait jamais enregistrés. Cet acte, il ne pouvait pas le faire. Pourquoi? à cause du sentiment attaché à la grandeur de l'État. Imagine-t-on maintenant une Société des nations ordonnant en pleine paix à l'empereur allemand de délaisser l'Alsace, parce que sa conquête avait été injuste? Cet arrêt aurait soulevé l'indignation de l'Allemagne tout entière, il n'aurait pas été exécuté : ou, s'il l'avait été, le peuple n'aurait pas souffert que son souverain restât une minute de plus membre de cette Société des nations.

Il y a déjà un certain mystère dans ce fait, et on doit y voir le signe d'un divorce complet entre la moralité de l'homme et celle du peuple. Celui qui a dépouillé son prochain et a réussi à échapper à la rigueur des lois, n'est pour personne digne d'approbation. Il est moralement condamné et, si toute conscience n'est pas éteinte en lui, il se condamne lui-même. Quel conquérant s'est jamais blâmé ou a jamais été blâmé par d'autres que ceux qui ont subi sa conquête?

Ce même sentiment a son contrecoup sur la qualification des actions des hommes. On s'étonne de voir se muer en meurtriers et en destructeurs des généraux et des soldats qui du reste jouissent de l'estime de tous. Nul n'aurait la pensée de leur reprocher le sang qu'ils ont versé, les ruines qu'ils ont accumulées. L'acte qui serait coupable fait pour l'individu, devient innocent et louable s'il est fait pour la patrie. On blâmerait à tort cette contradiction. Les choses sont ainsi, la nature humaine admet et commande cette antinomie, et ce qui le prouve bien, c'est que la guerre a son côté moralisateur, et qu'il n'y a pas de vertus plus grandes que celles qui se déploient sur un champ de bataille. Ainsi le courage, l'esprit de sacrifice, la fidélité au devoir, le dévouement, tout ce qui rend l'homme supérieur à l'homme, a son terrain d'élection aux temps et aux lieux où se déroule le drame le plus funeste de la destinée humaine. Cela encore est bien mystérieux. Dans cette obscurité, notons pourtant un rayon de lumière. La licence de la guerre trouve parfois dans l'âme humaine ses limites, et il n'est pas impossible que la longue et affreuse guerre qui vient de se terminer n'engendre pas un petit progrès. L'agression allemande a été jugée injuste par tous, non pas au premier moment, mais ensuite, après réflexion et lorsque les circonstances de cette agression ont été mieux connues. Puis, la barbarie allemande, une fois déchiré le voile du perpétuel mensonge sous lequel on l'abritait, a indigné l'humanité tout entière. Cette guerre a laissé après elle un sentiment d'horreur pour ceux qui en ont été les instigateurs et les artisans.

C'est que l'humanité, elle non plus, ne perd jamais ses droits. Si elle accorde beaucoup aux dures nécessités de la vie, elle ne s'y abandonne pas tout entière, et sait à l'occasion tracer la limite qui ne doit pas être dépassée.

Cette réaction n'est point assez forte sans doute pour que l'on puisse prédire un avenir brillant à une Société des nations, elle est précieuse cependant à titre de signe indestructible de la noblesse de l'homme et de sa vocation au bien.

Toutes ces réflexions ne justifient pas la guerre. La permanence de la guerre, cette compagne inséparable de la race humaine, ne s'explique pas rationnellement, elle se constate, et cette constatation est déjà pour nous un grave enseignement. La raison humaine ne s'explique pas que des hommes, capables individuellement de subordonner leurs actes à des fins justes, utiles et même belles, aient adopté, pour la solution des conflits surgis entre les groupes auxquels ils appartiennent, un moyen coûteux barbare, radicalement incertain dans son issue, ni qu'ils le maintiennent obstinément en dépit de l'évidence même de son imperfection.

Qui fournira la clé de cette énigme? Pour nous chrétiens, la réponse est simple. Notre religion nous instruit de la faute originelle de l'homme et nous enseigne que cette faute fut la cause des plus grands maux qui pèsent sur l'humanité. Cette explication est bien vieille, beaucoup la trouveront insuffisante. Elle a cependant un mérite, elle est la seule qui puisse être donnée. Quel qu'ait été le progrès des lumières, le problème de la guerre est toujours resté aussi insondable, aussi impénétrable à la raison. L'homme cependant a sauvé du naufrage son intelligence, sa sensibilité, son goût pour la justice, son respect du bien. Il s'en servira légitimement pour tâcher d'alléger son fardeau ; peut-être s'en servira-t-il à l'avenir mieux qu'il ne l'a fait dans le passé. Et c'est précisément dans cette voie du perfectionnement de l'homme lui-même que doit être cherché le remède aux maux de l'humanité. Si les chefs d'États avaient plus présente à l'esprit la notion de leurs devoirs, s'ils s'efforçaient de rapprocher leur conduite des préceptes de la religion chrétienne, enfin s'ils se disaient quelquefois qu'ils sont responsables du sang qu'ils font verser inutilement ou injustement, toutes les guerres ne seraient pas évitées sans doute, mais au moins le monde n'aurait pas à déplorer les plus injustes et les plus sanglantes de ces guerres. En cherchant ailleurs que dans l'amélioration de l'âme humaine et dans le rappel des devoirs de l'homme envers Dieu le triomphe de la paix, les faiseurs de systèmes se sont laissé aller à des chimères. Leurs intentions étaient bonnes cependant. Il est prudent de leur refuser notre confiance, il n'est que juste de leur accorder notre estime.

IMPRIMERIE DE MONTLIGEON (ORNE). — 9233-4-19.

www.ingramcontent.com/pod-product-compliance
Ingram Content Group UK Ltd.
Pitfield, Milton Keynes, MK11 3LW, UK
UKHW020526230726
13925UKWH00005B/2238

9 782014 066807